CATALOGUE

DE

TABLEAUX

Modernes et Anciens

ŒUVRES REMARQUABLES

DE

CHINTREUIL & DIAZ

Autres de

BRILLOUIN, CH. JACQUE, LANDELLE, ROSIER, PH. ROUSSEAU, TROYON, ETC.

BEAUX DESSINS DE PRUD'HON

ET AUTRES

Provenant de la Collection de feu M. Paul Casimir Perier

TABLEAUX MODERNES

par

CHAIGNEAU, DIAZ, HARPIGNIES, HENNER, STEVENS, TROYON, VAN BEERS

AQUARELLES & DESSINS

Appartenant à divers

ET DONT LA VENTE AURA LIEU

HOTEL DROUOT, SALLE N° 6

Le Mardi 26 Avril 1898

à 2 heures

COMMISSAIRE-PRISEUR

Me PAUL CHEVALLIER

10, rue de la Grange-Batelière, 10

EXPERTS

MM. FÉRAL Père & Fils

54, Faubourg-Montmartre, 54

EXPOSITION PUBLIQUE

Le Lundi 25 Avril 1898, de une heure et demie à cinq heures et demie

CONDITIONS DE LA VENTE

La vente sera faite au comptant.

Les acquéreurs payeront *cinq pour cent* en sus des prix d'adjudication.

Paris. — Imp. de l'Art, E. Moreau et Cie, 41, rue de la Victoire.

DÉSIGNATION

TABLEAUX

ARNOUD (Ch.)

1 — *Figure en plâtre et objets d'atelier.*

Signé à gauche.

Haut., 35 cent.; larg., 26 cent.

BACHELIER (J.-J.)

2 — *Fleurs et instruments de musique.*

Signé et daté 1756.

Toile. Haut., 63 cent ; larg., 48 cent.

BLIN (A.)

3 — *Paysage accidenté et traversé par un cours d'eau.*

Signé à droite.

Bois. Haut., 44 cent.; larg., 37 cent.

BOULARD (A.)

4 — *Intérieur rustique.*

Esquisse signée des initiales.

Bois. Haut., 23 cent.; larg., 18 cent.

BOURGES (L.)

5 — *Le Chemin du Village.*

Signé à gauche.

Bois. Haut., 20 cent.; larg., 38 cent.

BRANDON

6 — *Le Chanteur florentin.*

Signé dans le haut, à droite.

Toile. Haut., 20 cent.; larg., 16 cent.

BRILLOUIN

7 — *Bord de rivière et animaux passant sur un pont.*

Signé à droite.

Bois. Haut., 16 cent.; larg., 29 cent.

CHINTREUIL (Antoine)

8 — *L'Ondée.*

Le ciel est en partie obscurci par des nuages menaçants portant une ombre sur le premier plan du tableau.

Trois faneuses sont au repos. Vers la gauche, deux hommes fauchent un champ de luzerne semé de coquelicots. Plus loin, la plaine est vivement éclairée par le soleil.

Des collines bordent l'horizon.

Œuvre remarquable de l'artiste.

Signé à droite.

Toile. Haut., 95 cent.; larg., 1 m. 30 cent.

CICÉRI (Eugène)

9 — *Pêcheurs au bord d'une rivière.*

Bois. Haut., 20 cent.; larg., 29 cent.

CICÉRI (Eugène)

10 — *Marine et bateaux à voiles par un temps calme.*

Bois. Haut., 18 cent.; larg., 31 cent.

CICÉRI (Eugène)

(deux pendants)

11 — *Soleil levant.*

12 — *Soleil couchant.*

Paysages avec prairies coupées par des cours d'eau.

Deux études sur carton, de forme ovale.

Haut., 17 cent.; larg., 22 cent.

CICÉRI (Eugène)

13 — *Vieilles maisons bâties sur des rochers et reliées par un pont de bois.*

14 — *Moulin à vent.*

Deux études signées et datées.

Carton. Haut., 19 cent.; larg., 12 cent.

DAVID (Louis)

15 — *Portrait de Jeune Homme.*

Vu en buste et vêtu d'un habit gris.

Toile. Haut., 42 cent.; larg., 35 cent.

DIAZ (Narcisse)

16 — *Environs de Fontainebleau par un temps de pluie.*

Un site montueux semé de rochers. Au centre, un troupeau de vaches ; sur le devant, des terrains verdoyants mouillés par la pluie.

Au second plan, des coteaux ombrés par des nuages et se détachant sur un ciel lumineux et brillant.

Superbe étude du maître, signée à gauche et datée 1848.

Carton. Haut., 40 cent.; larg., 53 cent.

DIAZ (Narcisse)

17 — *Le Retour du troupeau au soleil couchant.*

Un troupeau de vaches descend un coteau, se dirigeant vers la droite et se détachant sur un ciel chaud et lumineux.

Sur le devant, une mare et quelques rochers.

Très belle qualité de l'artiste.

Signé.

Papier collé sur toile.

Haut., 26 cent.; larg., 40 cent.

DIAZ (Narcisse)

18 — *Plaine aux environs de Fontainebleau.*

Au premier plan, des mares d'eau ; à l'horizon, un coteau se détachant sur un ciel chargé de quelques nuages.

Belle et vigoureuse étude.

Signée à gauche, en toutes lettres.

Haut., 32 cent.; larg., 44 cent.

DIAZ (Narcisse)

19 — *La Baigneuse.*

Elle est assise sur un tertre de gazon, ayant auprès d'elle une vieille femme qui s'occupe de sa toilette.

Très belle qualité du maître.

Papier collé sur toile.

Haut., 23 cent.; larg., 17 cent.

DIAZ (Narcisse)

20 — *Chariot sous bois.*

Une charrette attelée de deux chevaux longe un chemin qui traverse la forêt.

Sur le devant, de grands arbres forment le berceau.

Dans le fond, un ciel nuageux.

Carton. Haut., 27 cent.; larg., 22 cent.

DIAZ (Narcisse)

21 — *Rochers dans la forêt de Fontainebleau.*

Au premier plan, un monticule dans la pénombre se détachant sur un ciel nuageux ; il est couvert de rochers entourés de broussailles.

Étude.

Haut., 23 cent.; larg., 29 cent.

DIAZ (Narcisse)

22 — *Sous Bois ; effet d'automne.*

Sur le devant une mare.

Signé à gauche.

Bois. Haut., 15 cent.; larg., 21 cent.

DUCREUX

23 — *Portrait de Femme âgée.*

Vue à mi-corps, la tête légèrement tournée vers la gauche, coiffée d'un bonnet blanc tuyauté orné d'un ruban bleu.

Elle porte, sur une robe blanche décolletée, un mantelet de soie noire fermé sur la poitrine par un nœud de ruban.

Très belle peinture.

Toile. Haut., 70 cent.; larg., 56 cent.

DUPRÉ (Victor)

24 — *L'Abreuvoir.*

Signé à droite.

Bois. Haut., 10 cent.; larg., 12 cent.

GALLETTI (L.)

25 — *Bords de rivière plantés de grands arbres; effet du matin.*

Signé à droite et daté 1856.

Toile. Haut., 36 cent.; larg., 57 cent.

GEGERFELT (W. de)

26 — *L'Hiver.*

Deux jeunes garçons chargés de bois marchent sur un cours d'eau glacé entre deux rives couvertes de neige.

Vers le fond, le ciel est rougi par le soleil couchant.

Signé à gauche.

Bois. Haut., 45 cent.; larg., 63 cent.

HÉREAU (Jules)

27 — *Le Retour à la ferme, avant l'orage.*

Signé à droite.

Bois. Haut., 20 cent.; larg., 31 cent.

HÉREAU (Jules)

28 — *Cour de ferme.*

Au premier plan, des poules et des canards autour d'une mare ; plus loin, deux chevaux sous un hangar.

Signé à droite.

Toile. Haut., 21 cent.; larg., 28 cent.

JACQUE (Charles)

29 — *Porcs mangeant dans une auge.*

Signé à droite.

Carton. Haut., 30 cent.; larg., 50 cent.

LACROIX

(deux pendants)

30 — *Soleil levant et mer calme.*

31 — *Le Naufrage.*

Deux tableaux de forme ronde.

Toiles. Diam., 29 cent.

LAMBERT (Eugène)

32 — *Jeux de chats.*

Une chatte et ses petits jouent avec une souris sur un tapis en partie couvert d'une tenture de velours rouge.

Signé à gauche.

Toile. Haut., 63 cent.; larg., 80 cent.

LANDELLE (Ch.)

33 — *Femme arabe.*

Elle est appuyée sur une cruche.
Signé à droite.

Bois. Haut., 43 cent.; larg., 29 cent.

MICHEL

34 — *Paysage avec chaumière; effet d'orage.*

Bois. Haut., 29 cent.; larg., 40 cent.

ROSIER (A.)

35 — *Paysage d'Orient.*

Signé à droite.

Bois. Haut., 26 cent.; larg. 36 cent.

ROSIER (A.)

36 — *Bateau à voiles, sur le grand canal de Venise.*

Signé à gauche.

Haut., 38 cent.; larg., 22 cent.

ROSIER (A.)

37 — *Bateau chargé de paille, sur le grand canal, à Venise.*

Signé à droite.

Carton. Haut., 21 cent.; larg., 29 cent.

ROSIER (A.)

38 — *Bateaux à voiles et gondoles, sur le grand canal, à Venise.*

Signé à gauche.

Bois. Haut., 19 cent.; larg., 27 cent.

ROSIER (A.)

39 — *Bateaux à voiles aux environs de Venise.*

Signé à gauche.

Bois. Haut., 22 cent.; larg., 29 cent.

ROSIER (A.)

40 — *Environs de Constantinople.*

Signé à droite.

Bois. Haut., 11 cent.; larg., 19 cent.

ROSIER (A.)

41 — *Le Palais des Doges et le grand canal, à Venise; soleil couchant.*

Bois. Haut., 14 cent.; larg , 20 cent.

ROSSI (E.)

42 — *Un Mrché à Venise.*

Signé à gauche.

Toile. Haut., 31 cent.; larg., 23 cent.

ROUSSEAU (PHILIPPE)

43 — *Poissons jetés sur la plage.*

A gauche, des falaises ; sur la droite, un filet.
Signé à gauche.

Bois. Haut., 31 cent.; larg., 24 cent.

ROZIER (JULES)

44 — *Le Passage du bac; effet de soleil couchant.*

Signé à gauche.

Bois. Haut., 26 cent.; larg., 39 cent.

TROYON (C.)

45 — *Soleil couchant.*

Au premier plan, une mare où se reflètent les rayons du soleil couchant.
A gauche, un paysan dans les herbages.
Signé des initiales, à gauche.
Etude.

Bois. Haut., 22 cent.; larg., 29 cent.

VILLAIN (EUGÈNE)

46 — *Ménagère lavant la vaisselle.*

Signé à droite.

Bois. Haut., 35 cent.; larg., 25 cent.

VILLEVIEILLE

47 — *Le Passeur.*

Il est dans sa barque, sur un lac bordé de grands arbres qui laissent apercevoir les dernières lueurs du soleil couchant.

Signé à droite et daté 1854.

Haut., 38 cent.; larg., 62 cent.

VINCENT

48 — *Giroflées jaunes dans une jardinière en faïence.*

Signé et daté, à droite.

Haut., 42 cent.; larg., 69 cent.

ÉCOLE HOLLANDAISE

49 — *Oiseaux morts.*

Un faisan, une mouette et deux petits oiseaux jetés sur le sol.

Vigoureuse peinture, d'un coloris remarquable.

Toile. Haut., 53 cent.; larg., 63 cent.

ÉCOLE MODERNE

50 — *Espagnol au repos.*

Bois. Haut., 14 cent.; larg., 11 cent.

DESSINS

BLIN (F.)

51 — *Cours d'eau dans les rochers; soleil couchant.*

Esquisse.

BLIN (F.)

52 — *Bords de rivière; effet de soleil couchant.*

Esquisse.

BONINGTON (Richard-Parks)

53 — *Dame et Seigneur accompagnés de deux enfants se promenant dans un parc.*

Aquarelle, signée à gauche.

BONINGTON (Richard-Parks)

54 — *Intérieur avec femme âgée, assise près d'une fenêtre et causant avec deux petits enfants.*

Aquarelle.

BOULARD

55 — *Le Guignol des enfants.*

Esquisse.

CHINTREUIL

56 — *Cours d'eau sous bois ; effet de soleil couchant.*

Dessin au fusain rehaussé de blanc.
Signé à droite.

DECAMPS (Genre de)

57 — *La Mise au tombeau.*

Dessin au fusain.

KERSAN (E.)

58 — *Vue de la Cité et église Notre-Dame.*

Esquisse, signée à gauche.

LALANNE (Maxime)

59 — *La Fanaison.*

Dans le fond, les maisons d'un village.

Au premier plan, des villageois ramassent des herbes.

Dessin au fusain rehaussé de blanc.

Signé à gauche.

LALANNE (Maxime)

60 — *La Rue du Petit-Salut, à Rouen.*

Dessin au fusain rehaussé de blanc.

Signé à droite.

LALANNE (Maxime)

61 — *Une Rue du vieux Rouen.*

Dessin au fusain.

Signé à droite.

LALANNE (Maxime)

62 — *Plage à marée basse.*

Fusain.

Signé à droite.

PRUD'HON (P.-P.)

63 — *L'Assomption de la Vierge.*

3050 —

Elle s'élève vers le ciel, soutenue par des anges; une couronne d'étoiles est au-dessus de sa tête.

Des chérubins se tenant par la main voltigent en tournant autour des pieds de la Vierge.

Première pensée du tableau qui est au musée du Louvre.

Très beau dessin.

Estompe et crayon noir, rehaussés de blanc.

(*Vente Boisfremont.*)

PRUD'HON (P.-P.)

2.105

64 — *Nymphe poursuivie par des Amours.*

…me Decourcelle

Musée Cognacq

Elle est debout tenant un vase plein d'eau quelle déverse sur les petits amours qui la poursuivent.

Beau dessin à l'estompe sur papier bleu rehaussée de blanc.

(*Vente Boisfremont.*)

PRUD'HON (P.-P.)

65 — *Jeune Femme debout et appuyée contre le mur d'un parc.*

Étude pour un portrait de l'Impératrice Joséphine.

Au verso, une jeune femme debout ayant auprès d'elle un enfant.

Deux dessins au crayon noir et à l'estompe rehaussés de blanc.

PRUD'HON (P.-P.)

66 — *Un Homme assis sur un rocher.*

Étude académique.

Sur papier bleu, au crayon noir rehaussé de blanc.

PRUD'HON (P.-P.)

67 — *Jeune Femme appuyée contre un arbre et tenant un enfant.*

Dessin au crayon noir rehaussé de blanc.

PRUD'HON (P.-P.)

68 — *Corps d'un homme mort étendu sur le sol.*

Étude pour le corps d'Abel, du Tableau du Louvre : *La Justice divine poursuivant le crime.*
Crayon noir rehaussé de blanc.

PRUD'HON (P.-P.)

69 — *Le Calvaire.*

Croquis au crayon noir rehaussé de blanc.

PRUD'HON (Genre de P.-P.)

70 — *Composition allégorique.*

A l'encre de Chine rehaussée de blanc.
Dessin cintré du haut.

PRUD'HON (D'après P.-P.)

71 — *La Justice.*

Composition allégorique de huit figures.

RIBOT (Th.)

72 — *Femme vêtue de noir, la tête appuyée sur sa main droite.*

Aquarelle.

RIBOT (Th.)

73 — *Vieille femme, en buste, vêtue de noir.*

Aquarelle.

TABLEAUX

DESSINS ET AQUARELLES

Appartenant à divers

TABLEAUX

CHAIGNEAU (Ferdinand)

74 — *Moutons par un temps de neige.*

Le troupeau longe la lisière d'un bois, conduit par une bergère suivie de son chien.
Signé à droite.

Bois. Haut., 32 cent ; larg., 40 cent.

DIAZ (N.)

75 — *Sous bois ; forêt de Fontainebleau.*

Au centre, un cavalier se détache sur une clairière vivement éclairée.
Signé à gauche.

Bois. Haut., 23 cent.; larg., 37 cent.

DIAZ (N.)

76 — *La Confidence.*

Bois. Haut., 17 cent.; larg., 12 cent.

HARPIGNIES

77 — *Le Printemps.*

A l'entrée d'un bois, une troupe d'enfants secouent les arbres et font tomber les hannetons qu'ils enferment dans des boîtes de fer blanc.

Signé à gauche.

Toile. Haut., 1 m. 70 cent.; larg., 1 m.

HARPIGNIES

78 — *L'Automne.*

Dans un paysage accidenté et boisé, une troupe de petits maraudeurs, surpris par un garde-champêtre, volant des fruits, fuient en courant; l'un d'eux a été pris par le garde-champêtre qui le tient par l'oreille.

Toile. Haut., 1 m. 70 cent.; larg., 1 m.

HENNER

79 — *Nymphe couchée au bord d'un étang et vue de dos.*

Signé à gauche.

Bois. Haut., 21 cent.; larg., 25 cent.

STEVENS (Alfred)

80 — ***Mer houleuse.***

Signé à droite et daté 85.

Bois. Haut., 34 cent.; larg., 25 cent.

STEVENS (Alfred)

81 — ***Marine; effet de clair de lune.***

Signé du monogramme.

Bois. Haut., 27 cent.; larg., 20 cent.

TROYON (C.)

82 — ***Le Chemin du marché.***

Un fermier et un paysan, l'un sur un âne, l'autre sur un cheval gris, montent une route qui sort d'une vallée.

Au premier plan, un terrain creusé par des roues de tombereaux; à droite, une barrière en planches; dans le fond, des collines bleuâtres enveloppées par les vapeurs du matin.

Belle peinture du maître, provenant de la vente faite après son décès, n° 18 du catalogue.

Toile. Haut., 73 cent.; larg., 91 cent.

VAN BEERS (Jean)

83 — *Nonchalance.*

Une jeune femme est couchée sur le sol étendue sur une peau de tigre et regardant le spectateur en souriant.

Signé au premier plan.

Toile. Haut., 70 cent.; larg., 92 cent.

AQUARELLES, DESSINS

BELLANGÉ (Hippolyte)

84 — *Paysan breton et son enfant.* 25

Dessin à la mine de plomb.

BOURGUIGNON

85 — *Cavaliers portant des cuirasses.* 6

Dessin à la sépia.

CHARLET

86 — *La Poursuite indiscrète.* 42

Mine de plomb et aquarelle.

87 — *Le Peintre d'enseignes.* 34

Aquarelle gouachée.

88 — *Soldat d'Afrique.* 25

Aquarelle gouachée.

CHARLET

89 — *Un Centenaire.*

Aquarelle gouachée.

90 — *Le Prisonnier.*

Dessin à la mine de plomb, rehaussé de blanc.

91 — *Paysan au repos.*

Dessin à la mine de plomb.

92 — *La Bonne d'enfant.*

Dessin à la mine de plomb.

93 — *Le Départ du Courrier.*

Dessin à la plume.

DELAROCHE (Paul)

94 — *Quatre Gentilshommes.*

Dessin à la mine de plomb et à la sanguine, étude pour le tableau : *La Mort du duc de Guise.*

DE DREUX (Alfred)

95 — *Cheval de selle.*

Aquarelle.

GAVARNI

96 — *Un Vieux Mendiant.* 500

Appuyé contre un talus et vivement éclairé par le soleil.

Belle aquarelle gouachée, signée en toutes lettres et portant dans le bas cette légende :

Vieux vagabond, le soleil est à moy.

GAVARNI

97 — *Jeune Danseuse debout, la main sur la hanche.* 290

Jolie aquarelle, signée à droite et portant dans le bas cette légende :

La bure le matin, le soir le taffetas.

GAVARNI

98 — *Saltimbanque, un binocle sur le nez.* 180

Jolie aquarelle, portant dans le bas cette légende :

N'oubliez pas, bourgeois, que vous ne devez jamais faire à vos femmes ce que vous ne voudriez pas qu'il vous fût fait.

LÉPICIÉ (N.-B.)

99 — *Portrait de Mlle Sophie Leroux.*

En buste, de profil, la tête couverte d'un bonnet garni de brides noires.

Pierre d'Italie et sanguine.

OZANNE

100 — *Port de mer.*

Au premier plan, différents personnages se chauffent autour d'un feu ; auprès d'eux, des ballots de marchandises, des tonneaux et, sur la gauche, de grandes constructions ayant vue sur la mer. On aperçoit, vers le fond, des navires à voiles.

Charmant dessin, à l'encre de Chine, de la plus remarquable finesse.

OZANNE

(PENDANT DU PRÉCÉDENT)

101 — *Port de mer.*

Devant, sur le quai, des dames et des gentilshommes causant auprès d'une chaise à porteurs.

Sur la gauche, et au second plan, des troupes faisant des manœuvres ; sur la droite, la mer et des navires à voiles.

Charmant et spirituel dessin à l'encre de Chine.

VEYRASSAT (J.)

102 — *Le Cygne et Léda.*
Aquarelle.

ÉCOLE FRANÇAISE

103 — Quatre dessins à la sépia, à la sanguine et à l'encre de Chine.

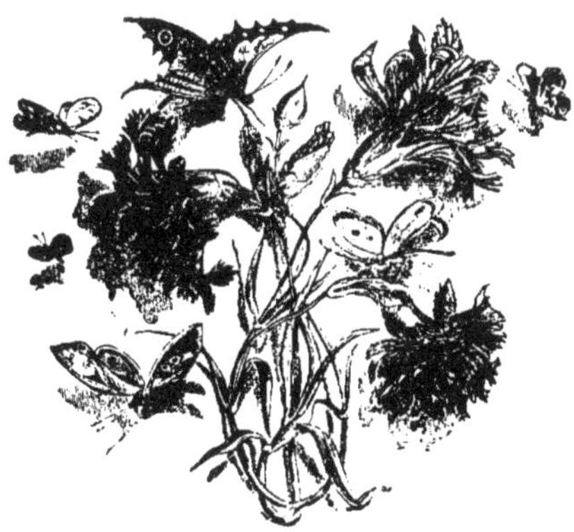

www.ingramcontent.com/pod-product-compliance
Ingram Content Group UK Ltd.
Pitfield, Milton Keynes, MK11 3LW, UK
UKHW032025260826
14628UKWH00006B/2732

9 782329 528052